Christin Pinnecke

"Die großen Brände. 25 russische Autoren schreiben einen Roman" - Ein Kriminalroman? Eine Analyse anhand der 10 Regeln von Ronald A. Knox

Der GRIN Verlag publiziert seit 1998 wissenschaftliche Arbeiten von Studenten, Hochschullehrern und anderen Akademikern als eBook und gedrucktes Buch. Die Verlagswebsite www.grin.com ist die ideale Plattform zur Veröffentlichung von Hausarbeiten, Abschlussarbeiten, wissenschaftlichen Aufsätzen, Dissertationen und Fachbüchern.

Dokument Nr. V212230 aus dem GRIN Verlagsprogramm

Christin Pinnecke

"Die großen Brände. 25 russische Autoren schreiben einen Roman" - Ein Kriminalroman?

Eine Analyse anhand der 10 Regeln von Ronald A. Knox

GRIN Verlag

Die Deutsche Bibliothek verzeichnet diese Publikation in der Deutschen Nationalbibliografie; detaillierte bibliografische Daten sind im Internet über http://dnb.d-nb.de/ abrufbar.

Dieses Werk sowie alle darin enthaltenen einzelnen Beiträge und Abbildungen sind urheberrechtlich geschützt. Jede Verwertung, die nicht ausdrücklich vom Urheberrechtsschutz zugelassen ist, bedarf der vorherigen Zustimmung des Verlages. Das gilt insbesondere für Vervielfältigungen, Bearbeitungen, Übersetzungen, Mikroverfilmungen, Auswertungen durch Datenbanken und für die Einspeicherung und Verarbeitung in elektronische Systeme. Alle Rechte, auch die des auszugsweisen Nachdrucks, der fotomechanischen Wiedergabe (einschließlich Mikrokopie) sowie der Auswertung durch Datenbanken oder ähnliche Einrichtungen, vorbehalten.

1. Auflage 2013
Copyright © 2013 GRIN Verlag GmbH
http://www.grin.com
Druck und Bindung: Books on Demand GmbH, Norderstedt Germany
ISBN 978-3-656-40824-6

Institut für Slavistik der
Justus-Liebig-Universität Gießen

"Большии пожары.
Роман 25 писателей"

Hausarbeit

vorgelegt von
Christin Pinnecke

Gießen, 18. März 2013

Inhaltsverzeichnis

Vorwort 1

„Die großen Brände" - ein Kriminalroman? 4

    Definition „Kriminalroman" 4

    Entstehung des Kriminalromans 5

    Die Kriterien eines Kriminalromans 6

        Die erste Regel 6

        Die zweite Regel 7

        Die dritte Regel 7

        Die vierte Regel 8

        Die fünfte Regel 8

        Die sechste Regel 9

        Die siebte Regel 9

        Die achte Regel 10

        Die neunte Regel 10

        Die zehnte und letzte Regel 10

Fazit 12

Quellenverzeichnis 13

Vorwort

Im Sommersemester 2012 wurde an der Justus-Liebig-Universität im Institut für Slavistik eine Veranstaltung mit dem Titel „Der Kriminalroman" angeboten. In diesem Seminar wurden typische und untypische Krimis präsentiert und diskutiert.

Zwei Kommilitoninnen und ich beschlossen das Buch „Die großen Brände" zu lesen und zu präsentieren. Es stellte sich heraus, dass dieses Werk ein Feuerwerk voller Absurditäten und Verwirrungen ist und dem Leser einiges abverlangt. Es schien nicht wie ein archetypisches Exemplar aus der Gattung Krimi zu sein. Aus diesem Grund fragte ich mich, ob der Roman nun wirklich ein Kriminalroman ist. Die Beantwortung dieser Frage ist das Ziel dieser Hausarbeit.

Zu Beginn wird der Inhalt des umfassenden Buches kurz vorgestellt. Dies dient zur Übersicht und dem Nachvollziehen von Schlussfolgerungen. Anschließend wird geklärt, ob dieses Werk ein Kriminalroman ist. Dazu werden zu Beginn die Entstehung und die Merkmale eines Kriminalromans erläutert. Dies geschieht unter zu Hilfenahme der 10 Regeln von Ronald A. Knox.

In einem abschließenden Fazit werden die erarbeitenden Ergebnisse aufgegriffen und anschließend die Zielfrage der Hausarbeit argumentativ beantwortet.

Als Text- und Bearbeitungsgrundlage wird die ungekürzte Ausgabe „Die großen Brände. 25 russische Autoren schreiben einen Roman", übersetzt aus dem Russischen „Большие Пожары" von Rosemarie Tietze, herausgegeben von Fritz Mierau im Ullstein Taschenbuch Verlag im Jahre 1982, erschienen im ersten Halbjahr 1927 in der Zeitschrift Ogonjok, Moskau verwendet.

Inhaltsangabe

Der Roman „Die großen Brände" ist ein Kollektivroman. Das heißt, dass insgesamt 25 Schriftsteller an diesem Werk arbeiteten. Es gab ein Thema, dass beibehalten werden sollte. Ansonsten konnte sich jeder Autor in seinem Kapitel frei. Initiiert wurde das Projekt vom Chefredakteur des Wochenblattes „Ogonjok", Michail Kolzow. Der fertige Roman wurde nicht als Ganzes gedruckt, sondern wöchentlich immer ein Kapitel in der oben genannten Zeitung.

Aufgrund dessen, dass es 25 unterschiedliche Schriftsteller waren, von denen jeder einen eigenen Stil hatte, ist es schwierig den Inhalt kurz wiederzugeben, ohne das wichtige Fakten, Personen oder Ereignisse wegfallen. Darum wird hier der Versuch einer umfassenden, aber gründlichen Inhaltsangabe gewagt.

Die Handlung findet 1920 in der fiktiven Stadt Slatogorsk in der UdSSR statt. In der Stadt geschehen geheimnisvolle Feuer und fast jeden Tag verbrennen ein oder mehrere Häuser. Der Journalist der Zeitung "Rotes Slatogorje" Berloga findet mit seinem Freund, den Archivar Warwi Migunow in dem Archiv die Akte № 1057, in der Informationen über ähnliche Feuer von vor 20 Jahren stehen. Beide sehen in dem Archiv einen ungewöhnlichen gelb-blauen Schmetterling. Kurz darauf brennt das Archiv ab und Warwi verliert darauf die Nerven und wird in eine Irrenanstalt eingeliefert. Als Patient in dieser Einrichtung bastelt er Schmetterlinge aus Papier. Kurz darauf brennt auch das Wohnheim der Zeitung „Rotes Slatogorje" ab und Berloga befürchtet, dass die Akte № 1057 mit dem Haus verbrannt ist. Jedoch stahl der Dieb Petka das As vorher die Akte. Er selbst wohnt in einem herunter gekommenen Vorort in Slatogorsk. Zusammen mit seiner Freundin Seufzer-Lenka wollen sie Geld von Berloga für diese Akte erpressen.

Ein weiteres wichtiges Ereignis in der Stadt – ist der rasante Bau einer großen Villa inmitten der Stadt. Der polnische Konzessionär Struck, der ein Vermögen in den USA gemacht hat und später in die Sowjetunion kam, wirkt sehr geheimnisvoll und mysteriös. So weiß keiner womit er reich geworden ist und aus welchen Gründen er in die UdSSR kam. Berloga will Struck zu den Bränden befragen und trifft in seiner Villa die schöne Elita Struck, die sich als Enkelin von Herrn Struck vorstellt. Berloga fühlt sich von ihr angezogen, doch später stellt sich heraus, dass sie die Schauspielerin Dina Kamenezkaja ist und vom alten Struck engagiert wurde. Während Berloga nachts durch Slatogorsk läuft, lernte er den verrückten Ivan Kulakow kennen. Kulakow scheint

Informationen die etwas über das Geheimnis des Feuers zu kennen scheint, wird später aber auch in die Irrenanstalt eingeliefert, in der er bei einem Brand stirbt. Nicht nur Berloga ist auf der Suche nach der Ursache oder dem Täter, sondern auch viele Mitbürger wie die Proletarier Wanja Fomitschew, Onkel Klim und Andrej Warnawin.

In Folge der zahlreichen Brände, die von den örtlichen Behörden nicht aufgeklärt werden konnten, wurde der Ingenieur Kukowerow, einem Ermittler aus Moskau, geschickt, um die Feuer zu untersuchen. Es scheint aber, dass er ein doppeltes Spiel spielt, während er mit der örtlichen Polizei zusammen untersucht, arbeitet er gleichzeitig als Berater bei Herrn Struck. Jedoch stellt sich heraus, dass es einen Doppelgänger gibt, der Kukowerow in eine Falle lockt. Doch kann sich der echte Kukowerow retten, indem er seine Wiedersacher tötet und anschließend zurück in die Stadt flüchtet. Im Bachhinein stellte sich heraus, dass der Doppelgänger ein Türsteher von Herrn Struck war.

Später übergibt Seufzer-Lenka einem Mann mit einem Ledermantel ein Päckchen und wird am Hafen Zeugin eines verheerenden Brandes auf einem Tanker. Die Stadt hat aber mit viel Glück und es kommt zu keiner Katastrophe. Lenka stellt sich daraufhin der Polizei und gesteht alles. In der Gefängniszelle erhält sie ein Paket mit Schmetterlingen und stirbt bei einem Zellenbrand.

Nach einem Hinweis von Seufzer-Lenka führt die Polizei eine Untersuchung dem Lehrer Kukoverov durch und findet in seiner Wohnung kleine Kisten mit Schmetterlingen und Larven. Die Tiere wurden in einem Labor analysiert und es wurde heraus gefunden, dass die Tiere eine bestimmte Substanz, die vor kurzem in den USA entwickelt wurde. Diese Substanz ist ein chemisches Element mit dem Namen "Struccium (St)", das sich zersetzt und dann Wasserstoff entzünden konnte.

Kurz darauf verbrennt die Irrenanstalt und das Pulvermagazin explodiert, ebenso wird auch die Villa von Herrn Struck zerstört. Struck, wie auch seine Enkelin wurden verhaftet. Mit neuartigen Feuerlöschern, die mit einer Art Gelantine löschen, können die Brände unter Kontrolle gebracht werden. Kurz darauf trifft eine Moskauer Kommission ein, um die Sorgen und Probleme der Bewohner von Slatogarsk zu kümmern. Das Buch endet mit dem Zitat:

„Die großen Brände sind vorüber, noch größere stehen uns bevor."

„Die großen Brände" - ein Kriminalroman?

Die wissenschaftliche Fragestellung dieser Hausarbeit zielt darauf ab, ob der Kollektivroman ein Kriminalroman ist. Um dies klären zu können, muss vorab erst erläutert werden, welche Kriterien erfüllt werden müssen, damit von einem Krimi gesprochen werden kann. Auch muss die Frage geklärt werden, was überhaupt unter einem Krimi verstanden werden kann.

Definition „Kriminalroman"

Im alltäglichen Gebrauch wird der Begriff Krimi häufig und selbstverständlich genutzt. Doch kaum einer hinterfragt, was genau ein Krimi denn ist. Volker Meid definiert im Sachbuch für Literatur, dass ein

> *„Kriminalroman, [eine] erzählende Prosagattung, die in unterschiedlicher Akzentuierung von Verbrechen und ihrer Aufklärung handelt und dabei an standardisierte Erzählmuster gebunden ist. Ihr Reiz liegt nicht zuletzt gerade in der Variation dieser Muster und Strukturen."*[1]

Durch dieses Zitat wird ausgesagt, dass Variationen und fehlende Regeln, je nach Belieben, das Besondere an Kriminalgeschichten sind. Jedoch können zwei Grundarten, der analytische Detektivroman und der Kriminalroman, festgemacht werden.[2]

Für einen Detektivroman ist es typisch, dass das Verbrechen am Anfang der Geschichte stattfindet und erst nach und nach während des Verlaufs von der zentralen Figur, des Detektivs, aufgelöst wird.[3] Ein weiterer Aspekt sind die vielen Verdächtigen, unter denen sich der Täter befindet. Die Überführung des Täters erfolgt aufgrund von Ermittlungen zum Verdächtigen und zum Motiv für das Verbrechen. Erst wenn das Motiv gefunden wird, kann der Täter festgenommen und der Tathergang rekonstruiert werden.[4] Zuerst erfolgt also die Tat und erst dann wird der Täter ermittelt.

Anders verhält es sich beim Kriminalroman im engeren Sinne. Hier wird gezeigt, wie der Täter die Tat begangen hat. Dabei erfährt der Leser die Motive des Täters.[5]

---

[1] Volker Meid: Sachwörterbuch zur Deutschen Literatur, Reclam jun. Stuttgart 2000 CD-ROM-Ausgabe S. 592.
[2] Ebd.
[3] Ebd.
[4] Vgl. http://wiki.zum.de/Kriminalliteratur: Grundbausteine und Strukturen
[5] Vgl. Ebd.

Entstehung des Kriminalromans

Schon immer übten Verbrechen wie Raub, Diebstahl, Mord oder Totschlag eine Faszination auf den Menschen aus. Als Begründer des Genres Kriminalroman allgemein zählt der amerikanische Autor Edgar Allan Poe mit seinem Kriminalroman „Der Doppelmord in der Rue Morgue" aus dem Jahre 1841.[6] Dennoch gilt der Kriminalroman erst seit dem Ende des 18. Jahrhunderts als eigenständige Gattung[7]. Ausschlaggebend war es, dass die Menschen anfingen Verbrechen methodisch anzugehen und aufzuklären[8], sowie Strafprozessreformen stattfanden, die die Entstehung von neuartigen Institutionen, die sich mit der Aufklärung von Verbrechen beschäftigen (Polizeit, Detekteien, etc.), förderten.[9] Hinzu kam der technische Fortschritt, wie Buchdruck, der es ermöglichte, dass Romane und Erzählungen nun auch einem großem Publikum zugänglich wurden. Die ersten Erzählungen waren unter anderem Verschriftlichungen von Prozessakten.[10] Erst im 19. Jahrhundert entsteht eine Untergattung, die Detektivgeschichte.[11]
Der Anfang des 20. Jahrhunderts wird als das „Goldene Zeitalter" („Golden Age") der Detektivgeschichten bezeichnet.[12]

Eine der bekanntesten Autorin ist ganz klar Agatha Christie (1891-1976), die für ihre Rätselkriminalromane und ihre Figuren wie Miss Marple berühmt wurde.
Doch auch der Kriminalroman entwickelte sich weiter. Die Form und die Inhalte wurden komplexer und es entstanden weitere Untergattungen, sog. Subgenres.
Der klassische Vertreter Arthur Conan Doyle mit seinem Sherlock Holmes" ist ein Beispiel für das Subgenre „Whodunit" (Who done it?). Hierbei handelt es sich um einen Rätsel- oder auch Landhauskriminalroman, der Held der Erzählung seinen Verstand zur Ermittlung nutzt und dem Leser Rätsel aufgibt, die gelöst werden müssen.[13]
Es gibt viele verschiedene Subgenre wie der Noir-Kriminalroman, der Thriller, der

---

[6] Vgl. http://de.wikipedia.org/wiki/Kriminalroman
[7] Vgl. http://de.wikipedia.org/wiki/Kriminalroman
[8] Vgl. http://suite101.de/article/die-anfaenge-des-krimis-a43695
[9] Vgl. http://www.krimis-und-mehr.de/sabine_meyer/krimis/kriminalromane/geschichte_krimis.html
[10] Vgl. http://www.helpster.de/die-merkmale-eines-kriminalromans-erklaeren_80259
[11] Vgl. http://de.wikipedia.org/wiki/Kriminalroman
[12] Vgl. http://www.krimi-homepage.de/Krimi/Die_Geschichte_des_Kriminalrom/die_geschichte_des_kriminalrom.html
[13] Vgl. ebd. – Anmerkung: der folgende Abschnitt über die Subgenres bezieht sich nur auf diese eine Quelle

Historische-Kriminalroman oder auch Gerichtskriminalroman.

Der moderne Kriminalroman kann nicht mehr mit dem klassischen Kriminalroman verglichen werden, da weniger mehr auf die festen und ursprünglichen Kriterien geachtet wird. Dies ist normal, da sich in der Literatur alles früher oder später weiterentwickelt, verändert und sich den neuen Vorlieben anpasst. Gründe sind unter anderem der medizinische Fortschritt bei der Aufklärung von Morden oder die psychologischen Komponenten des Täters. Die Forensik ist in der heutigen Zeit undenkbar. Auch weiß man heutzutage mehr über die Psyche des Menschen und kann somit Täterprofile erstellen. Man kann nun viel mehr in einen Kriminalroman hinein interpretieren als früher, was natürlich den Scharfsinn und die Neugierde des Lesers heraus fordert. Aus diesem Grunde erlebt dieses Genre einen gewaltigen Aufschwung.

Die Kriterien eines Kriminalromans

Der nächste Schritt zur Beantwortung der Zielfrage ist die genaue Analyse von Kriterien von Krimis. Dabei wird untersucht, ob es genauere Kriterien gibt und was genau sie beinhalten. Anschließend werden die Erkenntnisse ausschließlich mit dem Roman „Die großen Brände" verglichen. Als Grundlage für die Kriterienanalyse bieten sich die „Zehn Regeln für einen Kriminalroman" („10 Commandments of Detective Fiction") von dem Amerikaner Ronald A. Knox an.[14] Diese Regeln gelten jedoch für einen klassischen Kriminalroman. Dementsprechend werden Subgenres nicht berücksichtigt.

Die erste Regel

> *1st Commandment: „The criminal must be someone mentioned in the early part of the story, but must not be anyone whose thoughts the reader has been allowed to follow."*

Die erste Regel besagt, dass der Verbrecher schon am Anfang der Geschichte auf irgendeine Art und Weise erwähnt werden muss, jedoch darf es niemand sein, dessen Gedanken der Leser verfolgen darf.

---

[14] Anmerkung: der folgende Abschnitt über die Merkmale von Kriminalromanen bezieht sich ausschließlich auf die folgende Quelle:
vgl. http://www.writingclasses.com/InformationPages/index.php/PageID/303

In dem Roman gibt es nicht „den" Verbrecher. Es werden mehrere Verbrecher gezeigt, die sich unterschiedlichen Straftaten schuldig machen. Von Belang sind jedoch die Schmetterlinge. So heißt es zwar noch auf den ersten Seiten des Buches, dass ein Brandstifter, „[...] eine verbrecherische Hand [...]"[15] für die Brandanschläge in der Stadt Slatogorsk verantwortlich sei, doch werden nach und nach Hinweise gegeben, dass es Schmetterlinge sein müssen, die die Brände auslösen. „Brandstiftend flattern die Schmetterlinge zwischen Gerichtsarchiv und Irrenhaus und werden sogar ins Gefängnis geschmuggelt. Die Stadt brennt Tag für Tag".[16]

Wenn man die erste Regel nun genau auf das Buch anwendet, kann bestätigt werden, dass diese Regel im weiten Sinne und im engeren Sinne zutrifft. Im engeren Sinn werden die Schmetterlinge ganz am Anfang eingeführt und der Leser kann die Gedanken des Verursachers nicht nachvollziehen. Im weiteren Sinn wird zwar nicht der Täter in Person vorgestellt, jedoch seine „Waffe". Auch kann man die Gedanken des eigentlichen Täters ebenfalls nicht nachvollziehen.

Die zweite Regel

2nd Commandment: „All supernatural or preternatural agencies are ruled out as a matter of course."

Die zweite Regel von Ronald A. Knox besagt, dass alles Übersinnliche oder Übernatürliche untersagt sei.

Diese Regel wird im Buch nicht eingehalten. So ist von selbst entzündlichen Schmetterlingen, welche Brände auslösen die Rede. Auch das Element Struccium ist bewiesenermaßen nicht existent. Des Weiteren wird auch vermutet, dass der alte Struck ein Mensch vom Mars ist. Al diese Annahme sprechen ganz klar gegen die Einhaltung des zweiten Merkmals.

Die dritte Regel

3rd Commandment: „Not more than one secret room or passage is allowable."

Laut dieser Regel darf es nicht mehr als einen Geheimort bzw. Geheimgang geben. Auch dieses Kriterium wird nicht durchgängig eingehalten. Sei es das Archiv als Lager für die mysteriöse Akte. Oder die Villa vom Struck, die innerhalb kürzester Zeit

---

[15] Fritz Mierau (Hrsg.): „Die großen Brände. 25 russische Autoren schreiben einen Roman", S. 63
[16] A.a.O., S. 7

aufgebaut wurde. Oder sie es das Haus, in das Berloga entführt wurde und dort seinen Kidnapper tötete. Dadurch, dass es viel verschiedene Akteure und Protagonisten mit ihren eigenen Geheimnissen gibt, gibt es entsprechend viele geheime Orte.

Die vierte Regel

4th Commandment: "No hitherto undiscovered poisons may be used, nor any appliance which will need a long scientific explanation at the end."

Die vierte Regel von Ronald A. Knox besagt, dass weder bisher unentdeckte Gifte, noch Vorrichtungen bzw. Apparate vorkommen dürfen, die am Ende des Romans einer langen wissenschaftlichen Erklärung benötigen.

Auch dieses Merkmal erfüllt der Roman nicht, da ein neues Element, namens Struccium, eingeführt. Dieses Element ist der ausschlaggebende Grund für die leicht entzündlichen Schmetterlinge. Das Element selbst, sowie die Vorgehensweise, wie die Schmetterlinge sich in Feuer auflösen und somit Brände auslösen, wird mehrmals im Roman erklärt. So zum Beispiel im 17. Kapitel, verfasst von Alexej Tolstoj, von der Wissenschaftlerin Walentina Afanassjewna Oserowa, die „mikroskopisch kleine Mengen der geheimnisvollen Substanz [...] zusammen mit dem [extrahierten] Pigmentstaub [...]" entdeckt hat.[17] In den folgenden Seiten erklärt sie dieses Phänomen wissenschaftlich mit wissenschaftlichen Fachbegriffen, welche von einem Laien nicht auf Anhieb verstanden werden können. Somit wird diese Regel in dem Roman nicht befolgt.

Die fünfte Regel

5th Commandment: "No Chinaman must figure in the story."

Das fünfte Kriterium besagt, dass kein asiatischer Staatsbürger im Roman vorkommen darf. Der genaue Grund dafür ist unklar und mit Erlaub wirkt diese Regel recht willkürlich. Dieser Punkt kann für Diskussion sorgen, da Russland nicht eindeutig zu Europa noch zu Asien zählt. Auch ist der Ort Slatogorsk nicht genau auf Russland verortet. Je nach Diskussionsstandpunkt zählen somit die russischen Bürger entweder zu Asien oder Europa. Ich gehe aber von der Annahme aus, dass der Ort im europäischen Teil Russlands liegt und die dargestellten Personen demnach eher europäisch sind.

---

[17] a.a.O., S. 186

Somit würde dieses Merkmal auf den Roman zutreffen.

Die sechste Regel

6th Commandment: "No accident must ever help the detective, nor must he ever have an unaccountable intuition which proves to be right."

In dieser Regel geht es Ronald A. Knox darum, dass weder Zufälle bzw. Missgeschicke, noch andere unerklärliche Institutionen dem Detektiv dabei helfen den Fall zu lösen.

Dieser Punkt ist schwer zu beantworten, denn fast immer sind es kleinere oder größere Zufälle, die den Detektiven helfen, die richtige Spur zu finden. Hinzu kommt, dass es mehrere Detektive (Berloga, Kukowerow oder Migunow) gibt, die die Feuer aufklären wollen. Da ist es unvermeidlich, dass nicht zumindest einem ein Zufall zum richtigen Ansatz verhilft. So wird bereits am Anfang erzählt, dass Migunow und Berloga in dem Archiv unbekannte Schmetterlinge sehen. Berloga versucht diesen Schmetterling mit dem Kommentar „[...] ich hätte ihn nur brennend gerne gefangen"[18] zu fangen.

Zum Kriterium, dass keine gesonderte Institution helfen darf muss auch wieder differenziert werden. Ist das forensische Team der Polizei bereits eine gesonderte Institution? Es ist ebenso nicht geklärt für wen die Wissenschaftlerin, die das Rätsel um die Schmetterlinge löst, arbeitet.

Demnach wäre auch dieser Punkt im Roman nicht eingehalten, da es mehrere Zufälle gibt und verschiedene Personen aus verschiedenen Institutionen zur Lösung mithelfen.

Die siebte Regel

7th Commandment: "The detective must not himself commit the crime."

Das siebte Merkmal besagt, dass der Detektiv nicht der Täter sein darf bzw. nicht dafür verantwortlich sein darf.

Bei der Analyse muss man beachten, dass die Tat, die aufgeklärt werden soll, die Brände sind. Dieser Aspekt ist sehr wichtig, da mehrere andere Straftaten von den Detektiven verübt werden. So tötet unter anderem Berloga seinen Entführer und versteckt ihn. Wenn jedoch als eigentliche Tat die vielen Brände betrachtet werden, dann hält sich der Roman an die siebte Regel von Ronald A. Knox.

---

[18] A.a.O., S. 21

Die achte Regel

8th Commandment: "The detective must not light on any clues which are not instantly produced for the inspection of the reader."

Die achte Regel besagt, dass der Detektiv keine Schlussfolgerungen bzw. Spuren folgen darf, die dem Leser unbekannt sind.
Dieses Merkmal ist aufgrund der Besonderheit des Romans schwierig zu beantworten. Jedes Kapitel wurde von einem anderen Autor verfasst. Die einzige Anforderung war es, dass ein roter Faden eingehalten werden sollte. Ansonsten werden in den Kapiteln Protagonisten neu eingeführt oder raus geschrieben. Es wurden neue Fakten vorgestellt, die im nächsten Kapitel schon wieder relativiert wurden. Man kann sich sogar zu der Aussage hinreißen lassen, dass der letzte Autor nicht wusste, was der nächste Autor schreiben wollte. Sobald noch nicht einmal die Autoren sämtliche Schlussfolgerungen oder Spuren kannten, ist es für den Leser unmöglich in diesem Wirrwarr von Schlussfolgerungen und Spuren den Überblick zu behalten. Aus diesem Grund ist das achte Merkmal kaum einhaltbar.

Die neunte Regel

9th Commandment: "The stupid friend of the detective, the Watson, must not conceal any thoughts which pass through his mind; his intelligence must be slightly, but very slightly, below that of the average reader."

Mit der neunten Regel wird ausgesagt, dass der dumme Freund des Detektiven, der Watson, keine Gedanken verbergen darf, welche durch seinen Kopf gehen; seine Intelligenz soll leicht, aber nur sehr leicht, unter dem durchschnittlichen Leser liegen.
Da wird sich sofort die Frage gestellt, ob es in dem Roman überhaupt eine Figur wie Watson gibt. Sicherlich gibt es Diener oder helfende Protagonisten wie Berloga oder Ivan Kulakow, doch einen klassischen Helfer gibt es nicht. Auch hat man als Leser den Eindruck, dass man von keinem Protagonisten die Gedanken nachvollziehen kann. Dies liegt wieder in dem besonderen Aufbau des Romans begründet.

Die zehnte und letzte Regel

10th Commandment: "Twin brothers, and doubles generally, must not appear unless we have been duly prepared for them."

In der zehnten und letzten Regel heißt es, dass es keine Zwillinge oder Doppelgänger geben dürfen, es sei denn der Leser wurde darauf vorbereitet. Auch dieser Punkt wird im Roman nicht eingehalten. So taucht mitten in der Geschichte und ohne Vorwarnung ein Doppelgänger Kukowerows auf, der Berloga zu Erpressungszwecken entführt, auf. Erst nachdem der wahre Kukowerow Berloga aus der Nervenheilanstalt abholen möchte, wird dem Leser klar, dass es einen Doppelgänger gibt. „In der Klinik gab man ihm [dem wahren Kukowerow] zur Antwort, der Kranke Berloga sei genau vor fünf Minuten entlassen worden, und ihn begleite der Ingenieur Boris Samojlowitssch Kukowerow, der dies auch durch seine Unterschrift bestätigt habe."[19] oder „Die beiden Kukowerows, der auf der Chaussee und der im Automobil, blickten sich an, [...]".[20]

---

[19] A.a.O., S. 117
[20] A.a.O., S. 119

Fazit

Wenn man die Regeln von Ronald A. Knox mit dem Roman „Die großen Brände" vergleicht, erkennt man, dass die Regel Nummer eins, fünf und sieben eingehalten werden. Die restlichen Kriterien werden nicht erfüllt. Demnach ist der Roman „Die großen Brände" definitiv kein Kriminalroman. Jedoch glaube ich, dass die Autoren es nicht darauf angelegt haben, einen Kriminalroman zu schreiben.

Diese Abgrenzung ist aber nicht valide, denn wurde zur Analyse der Kriterienkatalog von Ronald A. Knox verwendet. Andere Schriftsteller haben vielleicht andere Erwartungen an einen Krimi. Hinzu kommt, dass genauso wie das Genre selbst, sich auch Merkmale und Kriterien eines guten Kriminalromans ständig ändern.

Es fehlen dem Buch den eigentlichen Helden, das Opfer, der Täter und vor allem das Motiv. Nur aufgrund dessen, dass Verbrechen geschehen und dass diese aufgeklärt werden sollen, kann noch lange nicht von einem Kriminalroman die Rede sein.

Hinzu kommt, dass das Konzept die Verständlichkeit erschwert. Dadurch, dass jeder Autor in seinem Stil schreiben konnte, was er wollte, ist die Geschichte nicht gradlinig, eindeutig und verständlich. Auch bleibt das Gefühl nach der letzten Seite, als ob man etwas Wichtiges verpasst habe und dass der Roman „unrund" wirke. Es werden von den Autoren viele verschiedene Themen wie unter anderem Politik, Verbrechen, Verrat und die Geschichte der UdSSR angeschnitten. Doch keines wird vertieft, so dass man das Gefühl hat die ganze Zeit auf der Oberfläche rum zu dümpeln. Freilich ist der Roman eine Satire und greift viele ironische und Science-Fiction-Elemente auf.

Mein Fazit des Buches ist, dass sich der Roman so verhält wie ein Jazzkonzert. Dem geneigten Leser wird sich eine Melodie offenbaren und er wird von dieser gefesselt. Doch für denjenigen, der keinen Jazz mag, wird das ein sehr langatmiges, verwirrendes und unbefriedigendes Buch. Ich persönlich mag keinen Jazz.

Quellenverzeichnis

Buchquellen:
Fritz Mierau (Hrsg.): „Die großen Brände. 25 russische Autoren schreiben einen Roman", Ullstein Taschenbuch

Volker Meid: Sachwörterbuch zur Deutschen Literatur, Reclam jun. Stuttgart 2000 CD-ROM-Ausgabe S. 592

Internetquellen:
http://www.zitate.de/kategorie/Feuer/

http://wiki.zum.de/Kriminalliteratur: Grundbausteine und Strukturen (15.03.2013)

http://de.wikipedia.org/wiki/Kriminalroman (15.03.2013)

http://www.litipedia.de/artikel/kriminalroman.htm (06.03.2013)

http://www.pangloss.de/cms/uploads/Dokumente/Germanistik/Allgemeines/Krimi.pdf (15.03.2013)

http://suite101.de/article/die-anfaenge-des-krimis-a43695 (16.03.2013)

http://www.krimis-und-mehr.de/sabine_meyer/krimis/kriminalromane/geschichte_krimis.html (15.03.2013)

http://www.helpster.de/die-merkmale-eines-kriminalromans-erklaeren_80259 (17.03.2013)

http://www.krimi-homepage.de/Krimi/Die_Geschichte_des_Kriminalrom/die_geschichte_des_kriminalrom.html (15.03.2013)

http://www.alte-krimis.de/autoren_20.htm (16.03.2013)

http://www.writingclasses.com/InformationPages/index.php/PageID/303 (16.03.2013)

http://www.zeit.de/1982/51/kritik-in-kuerze (15.03.2013)